Geobanys Valle Rojas

ORI. SANTA PALABRA

Geobanys Valle Rojas

ORI. SANTA PALABRA

Poesía Afrocubana

JustFiction Edition

Imprint
Any brand names and product names mentioned in this book are subject to trademark, brand or patent protection and are trademarks or registered trademarks of their respective holders. The use of brand names, product names, common names, trade names, product descriptions etc. even without a particular marking in this work is in no way to be construed to mean that such names may be regarded as unrestricted in respect of trademark and brand protection legislation and could thus be used by anyone.

Cover image: www.ingimage.com

Publisher:
JustFiction! Edition
is a trademark of
Dodo Books Indian Ocean Ltd. and OmniScriptum S.R.L publishing group

120 High Road, East Finchley, London, N2 9ED, United Kingdom
Str. Armeneasca 28/1, office 1, Chisinau MD-2012, Republic of Moldova, Europe
Printed at: see last page
ISBN: 978-620-6-74160-2

ORI

SANTA PALABRA

Geobanys Valle Rojas

Ori. Santa Palabra

A los santeros, las santeras y los creyentes de mi familia, especialmente a:

Juan Eshu Bi, Regla Ofandesiyé, Yanci Iyaremi Okán, Henri Oggún Niké, Nancy Omi Toké, Caridad Omi Okán De Iyá, Norma Oshún Yemi, Carmen Omi Leddún, Yordan Osha De, Massiel Omi Sisai, Ignacio Omi Fora, Yadira Omi Lerí, Josefa Omi Dina, Melany Oloyú Miyá, David Osha Weye, Lisandra, Luisa Oshún Guere, Liván, Amanda Osha Rinu, Neilín Oshún Niké, José Omo Eleggua, Alexei Olo Oshún

Y a los que ya no están en el mundo de la mentira, porque están ahora en el mundo de la verdad, especialmente a: María Osha Weye, Marina Omi Talada, Jorge Ará Fumbí, Pablo Omi Leti, Carlos Olo Obbatalá

A mi bisabuelo Miguel Ángel, quien me introdujo con sus vastos conocimientos en esta religión, y su abuela Má Tanislá, negra de nación, por todo lo que le enseñó.

Ibaé bayen tonú que timbelese Oloddumare

Moyugba Inicial Necesaria

(A mi manera)

Omi tuto –aunque no hay
agua. No por sequía.
Ile tuto. Tuto Laroye.
Moyugba Oloddumare.
Moyugba Acoda. Moyugba Ashedá.
Moyugba oddún ayaí oddún
de mi elerí.
Ibaé bayén tonú
to gbogbo Eggún de Olúo,
Olosha, Babalosha, Iyalosha,
Paleros y kimbiseros
e iworo que cawe ilé.
Ibaé bayén tonú
to gbogbo eggun omó Elegguá, Oggún, Oshosi.
Ibaé bayén tonú
to gbogbo eggun alá Aggayú Solá.
Ibaé bayén tonú
to gbogbo eggun oní Shangó, Yemayá.
Ibaé bayén tonú
to gbogbo eggun olo Obbatalá, Oyá.
Ibaé bayén tonú
to gbogbo eggun olo Oshún
que timbelese Oloddumare.
Kinkamashé baba tobi de osha.
Kinkamashé oyugbona.
Kinkamashé mi Olúo siwayú.

Kinkamashé mi oyugbona kan.

Kinkamashé Obbá Oriaté.

Kinkamashé Olúo.

Kinkamashé mis abures de osha.

Kinkamashé Iworo que

ha puesto su ashé en mi lerí.

Kinkamashé Ori,

Eleda Emi nani.

SANTA PALABRA

AMÚ'NI MÒ ÓNA TI A KÓ DE RÍ

Preludio al estilo negro

¡Abran las puertas!
¡Abran las ventanas!
Dejen pasar a la señora
que llega.
¡Abilona! ¡Abilona!
Sea la luz para
mi amiga, para mi novia,
la sublime señora de las palabras.
¡Abilona! ¡Abilona!
Que llega negra,
desde Cuba recordando a
la tierra africana.

Eshu Laroye la empuja.
¡Oro! ¡Oro!
Pide permiso a su paso.
Le abre el camino
mientras ondea la bandera
roja y negra de un veintiséis;
para que llegue viva,
más que revolucionaria.
¡Abilona! ¡Abilona!
¡Abran ya de una vez,
que así lo quiere Elegguá!

Negro es mi color

Sí. Negro soy. Me
guste o no. Soy negro.
Y pienso, bailo, siento.
Porque negro es más que color.
Aunque mi sangre esté mezclada,
mi piel es negra, y
supongo que rojo sea el corazón.
Tan rojo como lo tendría
el blanco, el chino, el indio.
En fin: negro soy.
Unos dicen: -Color varadero,
otros que si de vez en cuando.
Pero no... o sí. Negro es mi color.

No lloraré en las noches oscuras
ni pediré café cada mañana.
Seré un niño bueno, mamá; lo prometo.
Yo quiero ser como Moré,
para bailar un mambo a lo mexicano,
único como la Montaner.
Porque negro soy, es mi color,
y eso siempre defenderé.

África, en mis venas

Las raíces vienen
de tu tierra.
No todas. Parte de ella.
Porque el día y la noche
se juntaron,
cuando vieron la luz
en este Nuevo Mundo.
El tronco creció,
aunque fue injertado,
pero creció conservando
sus raíces.
La piel se vuelve eco,
confirma lo supuesto.
Y también la fe.
África corre por mis venas,
como mismo corre el río
hacia el mar.
Solo que nací lejos.
En otro mundo –dije ya.
Por eso África llora,
muy sentida,
al tener a sus hijos
repartidos en otras tierras.
Y las raíces al recuerdo africano
morir no dejan.

Rumba a África en mis venas

Yo era chiquitico y no sabía
que las raíces tocan a la puerta.
Crecí entre tambores y alegría
encendiéndole velas a mi muerta.

La Caridad del Cobre me bendijo.
Santa Bárbara bendita me llamó.
Elegguá fue abriéndome caminos.
Yemayá me acogió con amor.

Los niños juegan al pie de la ceiba.
La ceiba que se levanta como altar.
El canto el viento se lo lleva, ´
y en la rumba se tiene que recordar.

¡Que África corre entera por mis venas!
Lo grito aunque me duela la garganta.
Que mi coro y este ritmo sí que suenan,
cuando la pasión es la que canta.

¡África! ¡África! ¡África ya
corre por mis venas!

Soy cubano de nacimiento,
y llevo en la espalda la cruz.
Hoy lloro con sentimiento

por los años de esclavitud.

¡África! ¡África! ¡África ya
corre por mis venas!

Llevo la piel tan negra
como es la oscuridad.
Y en un verso se recuerda
cien años de soledad.

¡África! ¡África! ¡África ya
corre por mis venas!

Má Francisca, Siete Rayos,
Zarabanda, Tá José.
Cuando un congo es de belleza
me arrodillo yo ante *usté*.

Ceiba que lindo tú lloras,
madre de los africanos.

Cuando un congo es de belleza
me arrodillo yo ante usté.

Abrázate al hijo que añora
la tierra de los hermanos.

Cuando un congo es de belleza
me arrodillo yo ante usté.

Negro, yo soy del cabildo,
ojos que todo lo ven.

Cuando un congo es de belleza
me arrodillo yo ante usté.

Ven a bailar conmigo:
¡ya se formó el bembé!

Soy fe

Mi fe define en una frase
lo que soy.
Soy espíritu, materia, hombre. Soy.
Soy hijo de Oshún, repito. Soy.
Camino con los pies de Oggún. Voy.
Y en mi Ori grande cabe la fe
que define lo que soy.
Soy Cuba. Soy pueblo, gente, cruz.
También alegría, dulzura, sabor.
Amarillo, verde, azul. Color.
Cielo estrellado, lluvia, luna, sol.
América en resumen, religión. Soy.
Canto yoruba, himno eclesiástico,
vela encendida en misa espiritual.
Monaguillo que al Padre ayuda,
caballo de santo, Médium. Soy.
Agua de río, risa que del monte se adueña.
Un camino que se inventa.
Una palma, una Ceiba.
Sudor que despierta los cañaverales,
negro bravío que se enciende
en un barco carabela
traído por un español. Soy.
Rumba que se baila en el munanso bela.
Nganga jurada en Zarabanda,
que se aferra a los secretos de la tierra.

Brillo del oro, el amor. Soy.
Hijo de Olofi, omo de Dios.
Un santero, espiritista, católico.
Un iyawó.
Como el niño que nace,
que tiene su oddún.
Libra, Oggunda Osá, Baba Egiogbe.
Un secreto. Un amigo. Soy.
Soy fe, ¡digo! Soy.

El llamado del tambor

Hay un llamado de tambor
al que no respondo.
¿Será macagua,
será güiro,
será violín?
No es un cajón.
¿Será batá?
Es un tambor que al
pueblo estremece.
Se siente el eco, y
su mensaje lo lleva *afefe*.
Hay un tambor que se toca
para calentar la noche dormida.
¿Lo escucharán los orishas?
¿Estará invocando un mpungo?
¿Llamará a la tierra a los congos,
a las gitanas,
a los indios bravíos?
O es un tambor que se toca
para vencer al frío.
Yo lo siento. Mi pecho vibra.
Aunque después llega la calma.
Veo a las hormigas,
una paloma que pasa
y en el silencio de la noche irrumpe
el ruido del tambor
al que no respondo.

Regla Caridad

La negra se llama Regla,
la mulata Caridad.
Sandunga, rumba, fiesta.
Alegría al verlas pasar.
Hombres que se desesperan
con el cimbreante caminar.
Chiflan, gritan, piropos dan;
pero ellas van sordas,
con su orgullo natural.
Una ríe zalamera,
y disfruta el vacilar.
La otra flirtea discreta
porque sí que tira la piedra
cuando nadie la verá.
Regla es reina del bembé,
el tambor sabe gozar.
Y en el rico guaguancó
se entrega siempre Caridad.
Uno, dos, tres, cuatro pasos.
Cha cha chá. Si tú la quieres ver,
ven corriendo hasta el solar.
Hallará que una es negra,
como es la oscuridad;
y la otra sabrosona
es mulata de verdad.

Réquiem por Celeste Mendoza

Celeste baila.
Celeste goza.
La rumba canta.
Los pies no reposan.
La negra al solar levanta,
se muestra coqueta y melosa.
Los pies soberbios
se mueven a su antojo.
Flexiona, se contonea,
las caderas la vuelven reina,
las manos dan los pasos
y la voz… Que se escucha
cuando canta
hasta a la muerte espanta,
cuando hay pecho,
cuando hay garganta.

¡Dame un guaguancó, Yemayá!
¡Dame un guaguancó,
para cantárselo a Aggayú Solá!
Donde el gigante de la osha
y la madre de los peces,
le den su bendición.

Óyelo bien, es
la música de

Su Majestad la Rumba,
que se llama Celeste.

¡Ay!, mi Guanabacoa,
¿quién la viera?
Como estrella, ¿quién la viera
como estrella?

Al tambor ya nadie
lo puede mandar a callar.
¡Está cantando la rumba!
El suelo se estremece
con cada paso que da.
¡Está bailando la rumba!
Está la señora Celeste.

No la quiero bolero, no.
Ni cantando un blues
de Nat King Cole.
La prefiero guaguancó.

¿Y la madre?... ¿La estará
viendo su iyá,
allá: desde el mar?
-¡Ja ja ja ja ja ja ja!;
si se escucha su carcajada afirmativa.
La madre está orgullosa de su hija.

Antes de partir, creo
que Celeste dialogó con Changó,
para que este le prestara su frase
y así poder decir a su manera:
¡Yalodde ko so! ¡Ayaba ko so!
Porque sigue viva su voz.

La reina la corona no perdió.
No lo permitió Yemayá, su madre;
no lo permitió Aggayú, su padre;
no lo permitió Dios.

Celeste goza.
Celeste baila.
La rumba canta,
los pies no reposan.
Y el guaguancó no tiene
otra Celeste Mendoza.

¿Diablo vs. Dios?

Es necesario todo… hasta creer en Dios,
para así parecernos terriblemente a un hombre.
Carilda Oliver Labra

Soy un diablo que cree en Dios,
y no me importa lo que digan los cristianos.
Yo no busco la religión original.
Para creer en Dios me basta mi amor,
mucho más que la verdad.
Esa verdad que será descubierta por un hombre
para qué siglo o centuria.
Cuando todos seamos polvo,
¿de qué valdrá saberla?
Ya eso ni Dios lo dirá.
Mi verdad es que creo en las imágenes católicas,
en mis santos africanos,
en el poder de mi bóveda espiritual.
Y si eso me convierte en un diablo,
pues soy un diablo que también
ama, teme y respeta a Dios,
como los demás.
Mi Dios se llama Olofi.
El tuyo se llama Jehová,
el del otro se llama Yahvé.
Zeus, Zambia, Baal, Rá.
¿Cuántos nombres Dios tendrá?
Los cristianos tenemos a la Biblia.
Los santeros tenemos nuestro Itá.

Y yo como diablo tengo a Dios.

¡Esa es la única Verdad!

Baladas de los dos apkwones

Que llega vestida de amarillo
nos revela Carbonell.
Ella se deja ver,
endulzando su cuerpo en la miel.
La corona muestra los cabellos negros,
los labios rojos dibujan una sonrisa.
Una canción le sirve de caricia,
y a Okan Tomí se le eriza la piel.

Yeyé Yeyeo, okandideu.
Yeyé, Yeyeo, okandideu.
Ariñale cowo osi,
Yeyé otolorefa.
Ariwoyó okandideu ariñale kowo osi.

La risa coqueta llega a
estremecer al monte.
Allá se ve donde se posa la tiñosa,
el camino que abre la codorniz,
y el pavo real que nos muestra a la diosa.
La dulce miel que ahora cubre su cuerpo,
los girasoles que adornan la corona.
Okan Tomí, reina y señora,
la pequeña Ashé que luce la voz hermosa.

Ori Yeyeo

Afiyeremo Yeyeo,
afiyere.

¡Ja ja ja ja ja!

Ella se acerca con los pasos cadenciosos,
meneando de un lado a otro
la cadera cimbreante.
Resalta en la verde manigua
el vestido de amarillo elegante
que vuelve a los ojos masculinos codiciosos.

Hoy la zalamera Okan Tomí
prefirió sonreír al monte guerrero.
El monte que guarda los secretos
de los espíritus, los orishas, de los hombres
que acuden a vencer con el herrero.

Por un segundo calló la risa femenina
y se pudo escuchar al herrero trabajador.
Fue el ruido del martillo como
el cantar de un ruiseñor.
Fue el machete bravío que
encendido en chispas asustaba
a todas las fieras, y a todo perturbador.

Así se dejó ver él, que
parecía que se escondía.
En aquella inmensa manigua

que era su casa de noche y de día.
Y cuando Osha Niwe cantaba
parecía que hablaba la alegría:

Mariwo yeyeyé.
Mariwo yeyeyé Oggún achó
Alaguede Oké.

Él era negro vestido de verde
con la piel sudada por todas partes.
Fiel a la herrería
encontraba su arte.
Y en la guerra no perdía ningún combate.
Ver a la mulata distrajo a
Osha Niwe un instante,
mientras Venus con miel sacaba
del monte a Marte.

Aguanileo Oggún mariwó.
Aguanileo Oggún mariwó.
Oggún afomode
Oiki abere mariwó
Oggunde baba.

Ahora cantan juntos en todas partes
Osha Niwe y Okan Tomí.
El monte y la miel.
Las voces de oro valen más que un diamante,
cuando después de la muerte

a la música se le es fiel.
Ahora son rey y reina del canto africano
que evoca a todas las entidades.
Okan Tomí y Osha Niwe.
La miel y el monte.
Las voces de oro bendecidas por el cielo,
dos almas fundidas en un solo suelo.
En la música que hizo eco de la voz,
y perpetuó en la memoria
a Merceditas Valdés y a Lázaro Ros.

El sacrificio del carnero

Soyoso un, Señor Estómago.
Soyoso un, Sopera y Batea.
No te apures, *Abó*.
Yo te como, cuando te coja *pinaldo*.
Yemayá comerá de ti.
Shangó comerá de ti.
Todos comerán de tu carne
y beberán tu sangre,
porque no soy Oyá.
Tondele cuama, carnero,
si ya casi te alcanzo.
Quédate quieto, para acariciar
tu cuello.
Mientras que el Señor Estómago
prepara la mesa,
busca la vajilla y
las servilletas para limpiarse después.
Yemayá y Shangó comerán también;
cuando diga el Solista:

Oggún choro
Eyé barecaro.
Oggún choro choro.

Te irás sin decir nada,
de este mundo para ti ingrato.
Comerán primero los santos,

cuando tu sangre sea derramada.
Yo comeré tu carne
porque no soy Oyá,
a menos que lo prohíba el *Itá*.
Entonces me haré una cruz
de ceniza en la lengua.
Y cuando te marches al fin
le gritaré al cielo sobre ti, abó:

Emi locuso, osin Oggún locuao.

Oshukuá

Oshukuá, ¿saldrás hoy?
Con tus hijas, Irawó,
los aretes que no te van a faltar,
con la luz que te brinde el sol.
Por el cielo, sobre el mar,
vanidosa, pero hermosa,
¿tú saldrás?
Mira que el cielo está nublado
y la noche no deja de llorar.
La tierra se aflige en la frialdad,
¿será porque Oshukuá no acaba de salir?
Anda loca, ¡di que sí!
Como *dida*,
como *oro*,
como *osure*.
Pero sal Oshukuá que desde mi cuarto
de seguro te veré.
Y mirando hacia ti,
solo esta frase diré:

¡Déjate ver, Oshukuá,
Déjate ver encendida!
Déjate ver, Oshukuá,
para que alegres mi vida.

Osainlé

¡No mires por la ventana!
¡No la abras, que te ve!

Respeta la sombra de la ceiba,
pide permiso antes de pasar.

Mejor no salgas de la casa,
no hagas nada donde
te puedan mirar.

Ella se posa, en un gajo
de flamboyán, en el algarrobo,
o en la ceiba puede estar.

Ella se posa, y te aconsejo
que no hagas nada mal
que Osainlé te va a atisbar.

Mira como a la luna le silba,
Y es su silbido el mensaje
que devela la ocasión.

El flamboyán tiembla de miedo,
ni las piedras se quieren sentir.
Todo calla en la noche, cuando
se oculta de ti.

Y no mires por la ventana
si no la quieres ver.
Que sobre la noche oscura
está volando Osainlé.

Lamento a la tierra africana

Llora Ma´ Tanislá.
Llora en mi tierra
por su tierra.
Porque extraña al agua,
al cielo azul,
al negro continente que
le dio la vida.
De donde las manos
blancas y mezquinas
la arrancaron como
a un botón que se arranca
de un rosal sin permiso.
Llora Ma´ Tanislá,
mi tátara tátara abuela.
Porque perdió su nombre,
a sus padres, a sus hermanos.
Porque perdió a su tierra.
¿Dónde está *caquetú*?
¿Dónde está *mametú*?
¿Dónde está *ganguetú*?
¿Dónde está el mar
que la separa e impide
el regreso final?

¡Ay Sanguianfunga quiná güesa!

Si Sambia, si Olofi
a Guinea te regresa
¿dejarás de llorar, Ma´ Tanislá;
mi tátara tátara abuela?
Cuando nació Tomasa,
tu hija;
cuando nació Chiví,
tu nieto;
en una isla para ti desconocida
habrás cantado
- como una evocación a tu tierra:

Yo yo chila lum bamba
Yo yo chila lum bamba.
Mametú chila lum bamba.
Caquetú chila lum bamba.
Mametú chila lum bamba.
Ganguetú chila lum bamba.

Que si veías a un narizudo
le decías sin pena
-Mijo, tú tiene emporro grande.
Cuando un tabaco querías
-dame un otipiá pa´ fumilá.
Mientras hablabas con tus carabelas
Ma´ Carlota, Ma´ Guadalupe, Ma´ Yeya,
de tu tierra yesá,
de tu tierra takuá,
de tu tierra mafume,

de tu tierra Dahomey.
Después se escuchaba llorar
a Ma´ Tanislá lucumí.
Señorita de su tierra africana,
princesa, reina,
convertida en esclava.

¡Ay Sanguianfunga quiná güesa!

África Chiquita te dio una
nueva familia.
Pero tú, Ma´ Tanislá,
cada vez que cogías un otipiá
pa´ fumilá,
cada vez que nacía un niño
Yo yo chila lum bamba,
cada vez que hablabas con tus carabelas,
se escuchaba en el cielo,
en las yerbas, en la caña,
en los hierros:
tu lamento a la tierra africana.

Si no creyera

Si no creyera en la palabra,
la palabra emborrachada.
Si no creyera en el horizonte,
que me hace mar, cuando quiero
ser monte.

Si no creyera en la profecía,
la profecía que anuncia Iré.
Si no creyera en la muerte,
o en la negra cartomántica que
me encontré.

Si no creyera en Olofi,
el Olofi que para mí es Jesucristo.
Hecho hombre, blanco negro,
convertido en el cielo que nadie
ha visto.

Si no creyera en los Osha,
los Oshas que alumbran mi camino.
¿No tendría a mi iyá Oshún, a mi baba
Oggún, o un Elegguá que me guiara
el destino?

Si no creyera en mis Eggúnes,
los eggúnes que tanto me protegen.

Mi guía, mi cordón espiritual, mis congos,
mi indio, mi gitana que al mal entrar
no dejen.

Si no creyera en mi signo,
el signo que marcó mi Itá.
O en los que se suben, en los
que consultan. Si no creyera en
la verdad:

¿Sería yo; sería hombre;
sería osha; sería Ifá?

Si no creyera en la palabra
que anuncia el camino para
despertar.
No creería que un mortal,
fuese capaz de amar.

Deja que yo sea grande

Yo estaba chiquitico
como lo gusano.
Vino el viejo Eleggua,
y me pasó la mano.

Deja que yo sea grande,
¡sí! que yo sea grande,
y me sepa defender.
Conmigo. Por mí.
Habrá que correr.
Ahora todos me dan.
Insultos: me dan.
Golpes: me dan.
Desaires: me dan.
Miseria, tristeza, soledad.
Pero, deja que yo crezca
como ceiba, como palma,
como roble o caguairán.
Aquellos que un día me dieron
la venganza recogerán.
No de mi parte. Yo los perdono.
Solo que hasta hoy no ha nacido
el hombre que se vaya del mundo
sin pagar lo que debe.
Y cuando yo sea grande,
y me sepa defender,

algún día en la cara
de todos me reiré.

De todos aquellos
que un día me dieron.
Sí señor, lo haré.

El Niño Atocha es mi profeta
y por él yo oraré.
Yo oraré. Si tú me ayudas,
yo oraré para ti.
Y deja que yo sea grande,
y me sepa defender.

Hermana Rita

Hermana Rita,
mi gitana inmensa,
mi gitana pura,
mi gitana bella.
Mi gitanita que baila
al pie de una estrella,
cuando te cantan un *Ole*,
de caridad te llenas.

Ole con ole chiquilla,
ole con ole morena.

Mestizaje

Llevo en la sangre de africano,
de portugués y de español.
Y el poquito de tierra
que me hace cubano
lo guardo en el corazón.
Traigo la rumba en los pies,
la salsa, el bolero, el son.
Y me dibuja un pincel
de este Caribe nuestro sabor.
Creo en la Virgen de la Caridad,
en la Virgen de Regla y en Dios.
Desde que nací me protege Yemayá,
bailo con Changó,
me abro con Elegguá,
soy hijo de Oshún.
Tengo en mi piel
de negro, de blanco y de mulato.
Toda una mezcla,
que es tan perfecta
y me hace virtuoso y *sato*.
Soy arere, como afefe, soy reyoyo.
Soy del río, de la Ceiba,
me gusta el caldo y el pollo.
Soy de la tristeza y de la alegría
o un canto que entona un poema.
Mi nombre se convierte en lema;
soy la noche, soy el día.

Mi Taita Miguel

Taita Miguel,
negro bembón.
Pichón de africano,
reyoyo cubano.
Proteja a su bisnieto,
hágalo un buen señor.
Que si en mundo para ser aiyé,
tiene que haber de tó.
Aleje de su orí el osogbo,
llene su alma de amor.
Que en sus días oscuros
al final salga el sol.
Y si por las noches llora,
cálmelo con una canción.
Mi Taita Miguel,
Chiví en tu anterior encarnación,
proteja a su bisnieto siempre
hágalo un buen señor.
Y con la gracia de Olofi:
¡déle su bendición!

Congo 3

Yo vengo de ina ina,
yo vengo de Oloddumare.

Patuá en lengua yoruba,
congo, arará, abakuá.
Ojos de lechuza que todo lo ve.
Sapiencia elegante de hablar bonito.
Padre de los hijos que ya no están
huérfanos en la tierra.
Viejo oportuno, de bala certera.
Espíritu: entre los tuyos te quedas.
Puerto seguro, si es que llega la tormenta.
Encarnado en un chicharrón que
por la sala vuela.

Yo vengo de ina ina,
yo vengo de Oloddumare.

Ta´ Julián rebelde, de pasos firmes.
¿Habrás sido engendrado por Oranmiyán?
Negro sudado, de palabra fuerte
encajada siempre en la diana.
Centinela alerta, listo en todo momento
para la guerra. ¡Ah!, ¿quién te viera
sin sombrero, sin tabaco, sin *malafio*,
sin una vela? Que cuando el mar enfurece

tú lo calmas desde la tierra.
No te dejarán sin luz
los hijos que te quieran.

Yo vengo de ina ina,
yo vengo de Oloddumare.

Ma´ Francisca lengua fina,
siete sayas verdadera.
Brava al hablar, bendecida
por una estrella.
Corriente de Yemayá,
Madre Agua, Virgen de Regla.
Señora que para mostrar la verdad,
siempre llegas.
Tu visión es decir.
Tu misión es salvar.
Y a tus hijos por el buen camino guiar.

Cuando un congo es de belleza,
yo saludo sus collares.

Patuá, Ma´ Francisca, Tá Julián
Congo 3, congo que no se van.
Como protectores, congo e.
Congos que siempre están.

Yo tengo mi confianza

Yo tengo mi confianza
allá arriba en la loma.
Donde soy palo fuerte,
palo yaya,
vencedor.
Nganga revuelta nacida
a la orilla de Madre de Agua.
Lluvia que levanta los cafetales.
Un 21 que se dispara
a 180 km. de donde se enciende
la pólvora.

Allá arriba en la loma
yo tengo mi confianza.
Porque estoy bendecido por
una estrella de Sambia.
Soy más fuerte que Lucero,
como el machete de Sarabanda
que la mano sujeta esperando
a ver qué maja se levanta.
Mi general no come miedo,
con el enemigo toma chamba.
Y no le pesan las manos
mixtas, judías ni cristiana.

Que yo tengo en la loma,

allá arriba, mi confianza,
lo grita Cuatro Vientos
donde se agita la palma.
Que mi madre es una Ceiba.
Que mi padre es un Caguairán.
Que yo nací ngangulero,
ngangulero de verdad.
Que si mayimbe vuela por el cielo,
es para mi silbido evitar.
Que lo dice Sunsundamba
cuando busca las gallinas que
a la Niña Chola le va a dar.
Que en donde el palo se hace monte
yo tengo mi confianza,
allá arriba en la loma
yo soy palo fuerte,
palo yaya,
palo nganga.

yo soy ngangulero,
´visa que el viento me lleva.
´Visa que el viento me lleva, agüe,
´visa que el viento me lleva.

ORI

ÌBÀ ÒRIṢÀ IBÀ ALÀYÉ O

Baba Eleggua

Ago Eleggua abuquenque.
Ago Eleggua abuquenque.

¡Bara suguayo! Baba Elegguá,
si de ti he nacido yo.
Ábreme los caminos,
sé la guía en mi destino,
hazme un buen señor.

Rojo con negro, tabaco, vela, ron.
Espero que no te falte tu agguadó.
Tu vino seco pa´ refrescar,
¡Baba Eleggua! Mi redentor.

¿Dónde te busco: en el camino,
en el monte, en la ceiba? No sé yo.
Baba Eleggua, el príncipe de
la corte de Olofi en el panteón.

Ya va a empezar el bembé,
vengan todos desde Oyó.
Que baje Elegguá a la tierra,
el primero en la religión.

Que venga abriendo caminos,

que la rumba ya empezó.

Eshu o, Elegguara e.
Eshu o, Elegguara e.
Elegguara yo moforibale
Elegguara ago.

Babalú Ayé

Babalú. Babalú Ayé.
Si alguna vez te cantó Valdés,
los diecisiete centavos yo te daré.
Azojuano, rey del mundo
¡es usted! Si bien lo quiere Dahomey.
Babalú tá wini wini. ¿No lo ve?
Con sus perros, sus muletas
y su tabaco también.
Para este diciembre,
maíz tosta´o le pondré.
Cundiamor, coralillo, un pan quemado.
Algo sabroso, que me haga su niño mimado.
Babalú. Babalú Ayé.
Babá chiré.
Dadme un bien de salud
-iré arikú-
¡pa´ que tó esté bien!
Yo no le pido owó,
sino un poco de oriré.
Y en este poema lo aclamo:
¡Babalú Ayé!

Oda a la diosa que espero

I

Ayer me vi allí.
Fue en sueños,
pero me vi.
En ese lugar bailé,
mientras sonaban los tambores.
El güiro elevaba en
su sonido los sentidos,
que se perdían en los cantos
de invocación.
La multitud esperaba
a la expectativa,
y yo vestido con mi traje
me convertía en el centro de atención.
No demoró mucho
consumar al éxtasis.
A ese punto, la sensualidad
se adueñó de mi cuerpo.
Fui erótico, más sensual,
Cada vez que buscaba resaltar
que ella es la más bella.
En la dulzura de su afrodisíaco
abrigué mi piel,
haciendo con encanto
un collar, exactamente de miel,
que adornó mi cuello.
La excitación me llevó a

los tambores,
bailé encima de ellos,
para que supieran todos
que había llegado la tamborera.
Escuché tres nombres,
y desperté luego.
Serían posibilidades, para
escoger solo uno.
Tras la posesión comprendí
que ella ya me esperaba
en su cuarto,
tanto como yo
en mi cabeza.

Iyalodde oñí o
Oñí abe
Secure Ibu Yumú
Oñí abe
Secure Eleke Oñí
Oñí abe
Secure Ibu Añá
Oñí abe.

II

Sirena del río
que despiertas el encanto.
Bailarás sobre mi cuerpo
que te está esperando.
El viento confiesa el secreto,

ya nada puede evitarlo.
Llegará el día a la postre,
tus hijos te estarán cantando.

Lade koyu dide
otolorefa dide oma
yambele lade koyu dide.

Y te levantarás riendo
a carcajadas,
con los brazos en alto.
Girarás voluptuosa,
como un manantial desbordado.
En tu traje amarillo
el oro será recordado.
Como la reina que eres
al mundo habrás llegado.

Yalodde Yeyé Kari.
Yeyeo.
Omori yeyeo.

En la frente nos habrás besado,
y del sudor de tus hijas
habrás disfrutado.
Para cuando caiga la tarde
entonces, poco a poco,
te habrás marchado.

Ala alala
ala sirere. Ala sirere
ala sirere.

III

El hombre nacerá del río.
Así lo escribirá el destino,
que le prepara toda una epopeya.
Será en agosto, ya Dios
sabe la fecha.
Vendrá entonces la madre
a su cabeza.
La luz brilla en los ojos,
mientras la frente bendice.
El niño se acurruca en los brazos
que lo acogen tiernamente.
Un besos dan sus labios rojos,
y en la misa el Padre entona un canto.

Todos tus hijos, a ti clamamos…
egbe mi, iya mi.

El hombre-niño algún día
será bendecido.
Y en su corazón latirá un
nombre nuevo, que lo verá crecer
como si se empinara una palma.
Para la madre el amor,
el respeto, y de ella su bendición.

Dide ma aro

panga ma aro.

La diosa en él

-casi-

ya reposa.

Dide ma aro

panga ma aro.

IV

Tiembla la piel,
y no por el frío.
Los sueños revelan la ocasión.
Siento la voz que me llama,
la voz que viene del río.
Responde vehemente el tambor.
Cierro los ojos y, no
por el miedo.
En la mente se dibuja la sonrisa.
Se ríe coqueta, buscando de prisa
al hijo que nace
para darle el corazón.
Sus manos mulatas me abrazan,
la ternura maternal
calma los nervios.
La cerveza, la miel, deja
a todos ebrios,

a todos locos de amor.
El camino cada vez
es más corto.
Yo negro ya me veo de blanco.
Lo sueño, lo pienso,
no me aparto.
Si es que anhelo
escuchar su voz.
Llegará divina, sensual,
la puedo ver.
Buscará a su hijas,
alegrará la vida,
pasará mi dolor.
Y seré suyo,
como aquel hijo
que es de la madre
desde el día que nació.

Iya mi ile, odo
Iya mi ile, odo.
Bogbo ache, ache mi
saramaguo, eh.
Iya mi ile, odo.

V

Y como un aura se
elevó en el cielo.
Ella vino a mi cuerpo,
dueña de mi cabeza.

Mis ojos al fin la vieron.
Su piel dorada, que en
el río se mojaba,
su risa soberana que
a las fieras amansaba,
su vestido amarillo rematado
con plumas de pavo real,
su cabellera negra y larga
seducía como esos besos
que se dan en la oscuridad.
Fue la tiñosa quien
me abrazó en sus brazos.
Donde encontré el calor
de la madre que esperaba.
El niño iluso supo que
ella vendría por mí.
Ahora escucho la risa de ambos.
Sí. También la de mi padre
que está en el monte,
de donde ella lo sacará
de nuevo con su miel.
Los dos ríen felices por el
nacimiento del nuevo hijo.

¡Ofe ni ti iya!
Ofe ni ti iya
Ofe ni ti iya.

Fue tan larga la espera,
y en un momento
llegó el alumbramiento
de la madre sobre la estera…

Bembelere awó.
Abembe Oshún,
bembelere awó
abembe Oshún.

Corre el agua, Yemayá

Corre el agua, divina Yemayá,
que tus hijos se van a despojar.
Corre con tu amor maternal
y tu luz, desde aquí hasta allá.

Corre en septiembre ella divertida,
dando los besos que el mundo necesita.
Escucha en el canto al pueblo si te grita
que eres tú la única madre de la vida.

Corre ahora con tu risa a carcajadas,
que estremece a los hijos dormidos.
No tengas miedo al sentirte amada,

¡corre y abraza a tus hijos escogidos!
Deja tu bendición como reina idolatrada,
que corra el agua con la fe si es permitido.

El gigante Aggayú Solá

Era gigante, y
daba sus pasos altos,
que lo elevaban por encima
de las montañas.
Era un gigante
caliente caliente como un volcán,
alto alto llegando al cielo,
y era del desierto el dueño.
Cuando hablaba que tronaba
-parecía- que tronaba.
Y sus palabras escupidas
quemaban lava, en
lava se quemaban.
Sus pasos firmes estremecían
a la tierra.
Los pájaros volaban asustados.
Los árboles temblaban agitados.
Era un gigante dueño de la sabana.
Solo el río, ¡el río!, lo aplacaba.
Solo el río donde era
esposo, bastón y remero.
Era un gigante callado
que si hablaba daba miedo,
por el fuego,
daba miedo.

Aina wayeke

aina wayeke.

Ocoroíña, Aggayú Solá

Aina wayeke.

Oyá

Oyá ayansiré, ayansiré Oyá.
Yo te canto cuando nadie te canta.
Moforibale, moforibale Oyá.
Isolina Carrillo

Viene envuelta en centella,
con su saya de nueve colores.
Llega muerta y es tan bella
que se animan todas las flores.

Ruda mueve en lo alto su iruke
si el viento al cabello peina.
Ya no quedan ni condes ni duques
cuando se enseñorea la reina.

Dueña eres de los cementerios,
soberbia con los hijos despiertos.
Su belleza descubre los misterios

que se ocultan hasta en los desiertos.
Oyá divina, encendida en los climaterios:
¡es la madre de los nueve muertos!

¡Maferefún, Orula!

Awó Iború.
Awó Iboya.
Awó Ibochiché.

La apetebí te saluda.

-¡Orula, Orula, Orula!
Evoca Tan Tan al
llamado de Yalodde.

¡Ay!, la calabaza si hablara,
¿cuántas cosas dijera?
De la Oshún Ololoddi,
que es la guerrera
y de Orula la apetebí.

Iború, Iboya e Ibochiché
fueron las tres hermanas que
lo salvaron.
Cuando luego Rey del mundo
a Ifá coronaron.

¿Y qué pidió Olofi para tu reinado?
La peor y la mejor comida.
Que lograste servir
cuando la lengua cocinaste.

-¡Orula, Orula, Orula!
Repite Tan Tan el
llamado coqueto y zalamero.

Ifá nunca se equivoca.
El hombre falla en la palabra.
Pero Ifá no se equivoca nunca.

¡Ay!, ¿qué sería de la vida
de quien ignore tus consejos?
¿Qué le pasaría a quien
no escuche a Baba Ejiogbe,
el Rey de los Apóstoles de Ifá?
¿Qué sería de este mundo
de mentira sin la verdad?

Y la calabaza se mantiene fresca,
con su olor femenino,
que despierta al sexo en el adulterio,
como quien se relaja con el sahumerio.

Tres hermanas te salvaron
de la muerte. A las tres
se les rinde moforibale
cada vez que se te saluda,
en lugar de decir:
¡Maferefún, Orula!

Adivino por excelencia.
Profeta, Mesías, Rey,
Siete Potencia.

-¡Orula, Orula, Orula!
Finge la voz Tan Tan
con la misma gracia de Cachita.

Orula no se equivoca cuando habla
con el ókpele, igbos, ikinis,
o los 256 caminos
que sí señor,
que sí señora,
rigen todos los destinos.

Obbara Meyi, Osa Meyi, Otura Trupon,
Oddí Ká, Ogbe Roso, Oché Oggundá.
Ya todos quieren conocer la lectura,
pero lo sabe Orula.

Y la calabaza que fue testigo
de su amor con la Oloddí,
se le prohíbe a los hijos
de todos los santos
que hoy hay aquí.

Ahora Tan Tan no dice nada.
Ahora la voz se calla,

si se está seguro de que
el llamado fue escuchado.
Ahora Ifá está en mi mano,
y en la cabeza del Babalawo,
-¡aunque no como la Osha,
porque Ifá no se asienta!-.

Ahora le da sabor a Cuba
en cada cuadra, en cada esquina,
la Religión Yoruba.

Que si Iború, que si Iboya, que si Ibochiché.
Que yo quiero decir también:
¡Maferefún, Orula!

¿Quién es el que dice que Oggún no vale?

Balao, Oggún balao.
Balao, babaloni,
Balao Oggún Ladde.

Negro bravío convertido en hierro.
Martes convertido en africano
cuando a la guerra te arrojas.
Mejor herrero que Vulcano.
Negro convertido en monte,
pájaro ocultado a la sombra.
Miel que te atrae y hasta te saca
cuando se te nombra.

¿Por qué dicen que eres rudo?
¿Por qué dicen que eres agreste,
salvaje, amargo, un bruto maloliente?

¿Por qué buscar las manchas,
si el hierro brilla cuando lo trabaja
el fuego, si la miel te endulza,
si las flores del monte te perfuman?
Si tu inteligencia es tan inmensa
como mismo lo es el negro de tu piel.

¿Dime quién te venció en una batalla?
¿Dime quién permitió que se inventaran

los móviles, las computadoras, los ladas?
¿Dime quién más carga tantas personas
cuando viajan en un tren, como quien va de
Santiago a La Habana?

Negro guerrero, leal compañero.
Dueño del monte que oculta tantos misterios.
Todavía hace falta en el mundo
un negro que tenga los Oko más grande
que los tuyos.

¿Quién es el que dice que Oggún no vale?

Ah, Oggún meyea.
Arere, meye meye.
Ah, Oggún meyea.

Nadie lo dice, porque los hijos
de Arere no son *gañanga*.

Negro perdido en la oscuridad de la noche,
desvelado en su trabajo cotidiano.
Rey de Iré, patrón de los iyesá
que me antecedieron antes de llegar a
esta nueva tierra.
Solitario hostil que vaga por los caminos,
el único negro que tiene las llaves del cielo.

Ah, Oggún meyea.
Arere, meye meye.
Ah, Oggún meyea.

Rumba para Changó

Changó es un rey que hace brillar a todas las tierras…

Oba ibo. Si a reo.
Oba ibo. Si a reo.
Eru amala ibo
Era bo, Oba koso
Ilu akuaye.

Rumba para el cuarto Alafin de Oyó.
Rumba. Negro lindo, ¡suena ese tambor!
Oye como suena la chancleta,
la chancleta allá en el solar.
Repica uno, repica dos, repica tres
¡ya se montó!
¿Y tú todavía no crees? ¡Bah!,
negro bembón.
Chano Pozo toca en su tumbadora
una balada, que es para Changó.

Wemilere lubbe o Maoyo.
Eleggue mio Maoyo.
Changó wayeo Maoyo.

Come tu harina, negro;
que ya tiene quimbombó.
Ve a la palma, ¡da seis brincos!,
que ya Cuca se subió.

Pero no te olvides de Santa Bárbara
con su color rojo punzó.
Su corona, su castillo, Siete Rayos
¡que viva Changó!

Amala mala monigere miyo.

Ya la gente está a la espera.
El concierto no acabó.
Toca, mi negro lindo,
¡suena ese tambor!
Como un trueno para que alegre
en el mundo al corazón.

Cabiosile Changó!

La oreja de Obba

Obba es tan dulce como
un pañuelo de seda.
Una negra fina, bella,
pero está sin oreja.

Ella es la esposa fiel que
a Shangó nunca deja.
Aunque este la repudie
porque no tiene oreja.

Obba busca en las tumbas
la soledad que le asemeja.
Después que en el amalá
cocinó con amor su oreja.

Ella es muy inteligente,
como la laboriosa abeja.
Y por la trampa de Yalodde
perdió ciega una oreja.

Pero Obba es una guerrera
y enseña con toda realeza
que cuando se ama de veras
se lleva en el alma: belleza.

Patakí

Nieve. Blanca, doncella bella.
De ojos grandes y ceja levantada,
que lucen sobre la piel tan negra.
Mientras que un turbante de seda
cubre su rostro, sin ocultar la belleza.
Las manos estaban frías,
pero la piel la llevaba ardiente.
Y era noche, y era día.
Cuando los pies descalzos,
la dejaron en la orilla.

La voz se consumió en el silencio,
cuando ante ella llegó el barquero.
Gigante, negro, soberbio.
Los brazos fuertes la montaron en
la barca. Aggayú la contempló
como si fuera un misterio.

Comenzó a remar luego,
cada vez poco,
cada vez lento.
Mientras los viriles ojos
se prendieron de los de ella
como en un reflejo.
Nadie dijo nada,
porque las palabras sobraban

cuando el mensaje se
lo llevaría el viento.

Ella vestida de blanco,
parecía una princesa
perdida en un monte yoruba.
Él: tosco, agreste;
solo era un barquero que
tenía la mirada ruda.

Cuando el río los dejó
al fin en la otra orilla,
él raudo solicitó su derecho.
Pero ella, que solo era bella,
no tenía para pagar el dinero.

Desnudó su cuerpo.
Se tumbó en el suelo.
Y cuando ya no hubo
más silencio, él se
convirtió en su dueño.

Vi correr el agua

Vi correr el agua.
Vi venir las olas.

Me senté cerca
en la arena,
recogiendo caracolas.
Y una gaviota de paso
se posó en la farola.
Me distrajo su mirada,
como yo estaba sola.

Y de pronto en el mar
sentí de mis pasos
un temblor.
Conga amante del cielo.
Congo mío que
quiere esa conga.

Madre de Agua
en su madriguera
nadaba como una sirena.
Sirena de la mar
que a carcajadas reía
enseñando su beldad.

Negra madre,

negra bella.
Madre mía,
del mar bella estrella.

Vi correr tus aguas.
Vi llegar tus olas.

Y mientras sonaba
el tambor que entonaba
una plegaria,
los remolinos a tu alrededor
te danzaban millonaria.

Madre de los peces,
de la mar y de la vida.
Negra virgen,
negra santa.
Virgen coqueta,
santa amada.
Yemayá bendita,
santa cubana.
Alegre madre,
madre africana.

Vi correr el agua.
Vi venir las olas.
Vi llegar a la orisha.
Orisha madre de todas.

El nacimiento de Oshún

En el monte,
donde viven los orishas,
ha nacido una Afrodita;
que es criolla, africana, cubana.
Que será madre,
esposa, hermana.
Reina, diosa,
amada.
Una mulata hermosa:
de las bellas digo
es la más bella.
Fiestera, alegre, retrechera;
sabrosona, altiva, soberbia.
Que entre dos montañas,
senos de la tierra,
ha nacido con el alba
que majestuosa se despierta.
Cuando el mar supo que nacía
hizo correr los ríos,
que un día serán de ella.
Nació en el monte esta Venus
que no es romana,
es afrocubana.
La reina del wemilere,
del oro y del amor.
Oshún Funké divertida.

Oshún Ikolé
reina y señora de la vida.
Iyá mi ilé odo,
Iyá mi ilé oro.
Porque su casa es el río
y suyo es el oro.
Porque en el monte nació
y como protectora de Cuba
se quedó.
Oshún bañada en oñí,
hija de montunos,
hermana del mar,
y de la centella,
esposa del tambor,
madre de las mulatas bellas.
Oshún riendo zalamera,
bailando en manantiales,
peinando su cabellera.
Oshún querida,
la amada, la idolatrada.
Orisha nacida en el monte.
Oshún de Cuba,
de África entera.
Oshún nuestra,
del río, del amor.
Oshún que nace,
que crece,
que baila,
que reina.

Breve Glosario

A

Abakuá, Sociedad Secreta: institución de carácter fraternal, ayuda mutua y socorro cubana de origen africano, con características organizativas y de iniciación como las de cualquier otra similar europea, aunque marcada por ritos religiosos y mágicos.

Abilona: camino.

Abó: carnero. Animal consagrado a los orishas Changó y Yemayá. Este animal es "ewé" para Oyá y sus hijos. Changó asusta a Oyá enseñándole un carnero. Changó quiere ver en la casa de sus hijos un carnero. Sin ábbó, omi (agua) y ewés (yerbas) no hay Kari Ocha (Ceremonia de asiento en la Regla de Osha o Santería). Aunque el carnero es de Changó hay que tener mucho cuidado con la sangre sobre la cabeza de sus hijos. A los hijos de Oyá les es fatal ponerle sangre de carnero en la cabeza. "Esa sangre es muy caliente". A las cabezas de Changó se le pone sangre do codorniz y de jicotea.

Abure, -s: hermano, -nos, amigo.

Afefe: viento.

África Chiquita: epíteto con el que la población de Guasimal, pueblo ubicado en la provincia de Sancti Spíritus, Cuba, que identificó a la localidad con este seudónimo durante mucho tiempo por su amplia población de habitantes de color negro, la mayoría provenientes y descendientes de varios países del continente africano.

Aggayú Solá: orisha del volcán y los desiertos. Sincretiza con San Cristóbal, patrón de La Habana, capital de Cuba.

Agguadó: maíz tostao.

Aiyé: el mundo o reino de los vivos.

Amú´ni mò óna ti a kó de rí: El que me lleva por caminos que no he visto antes.

Apetebí: la esposa favorita de Orula, denominación con el que se conoce en la Regla de Ifá a Oshún.

Apkwones: cantante que lidera las interpretaciones en las ceremonias mágico religiosas de las distintas manifestaciones de la Regla de Osha o Santería.

Arará: es un grupo minoritario en Cuba (especialmente en las provincias de La Habana y Matanzas) que descienden de los fon, ewe, popo, mahi y otros grupos étnicos en Dahomey. Arará también puede referirse a la música, el baile y la religión de este grupo de personas.

Arere: uno de los caminos del orisha Oggún. (véase Oggún)

Arikú: iré arikú significa un bien de salud.

Ashé: suerte, bendición.

Ayaba ko so: la reina no se ahorcó, expresión literal derivada de la clásica frase *Oba ko so* que significa el "Rey no se ahorcó", y hace alusión a un patakí de Changó.

Azojuano: nombre con el que también se conoce al orisha Babalú Ayé.

B

Babá: padre, en yoruba.

Babalawo: sacerdote dedicado al culto de Orula en la Regla de Ifá.

Babalú Ayé: orisha de la viruela, la lepra y las enfermedades. Muy popular en el panteón yoruba, sincretizado con San Lázaro, y considerado como una de las deidades que más se sensibiliza con el sufrimiento humano, si bien es, al igual que Oshún, uno de los orishas más temidos y respetados en esta creencia, por lo severo que puede llegar a ser con sus hijos y seguidores.

Baba Eyiogbe: uno de los principales oddun o signos de Ifá. Considerado como el Mesías de Ifá.

Batá: tambores sagrados en la Regla de Osha-Ifá o Santería. Conocidos también como tambores Añá.

Bembé: fiesta o celebración mágico religiosa donde se combina la música, el baile y otras prácticas litúrgicas de los ceremoniales relativos a la Regla de Osha-Ifá o Santería.

Benny Moré: famoso cantante cubano. Su nombre era Bartolomé Maximiliano Moré. Se dice que era hijo de Obatalá.

C

Caquetú: padre. Término empleado por los esclavos africanos de origen de Guinea Bissau.

Carbonell, Luis (Santiago de Cuba, 1923-La Habana, 2014): fue un declamador, músico y escritor cubano. Se le conoció también como El Acuarelista de la Poesía Antillana. Destacado intérprete de textos de poetas afrocubanos como Nicolás Guillén, Emilio Ballagas, José Zacarías Tallet, así como del puertorriqueño Luis Palés Matos y de otros poetas como Federico García Lorca. Paseó su arte por Puerto Rico, Venezuela, Panamá, Colombia, Estados Unidos, Nicaragua y España, entre otros países. Así mismo, realizó históricas grabaciones con EGREM y Cubaney.

Celeste Mendoza (Santiago de Cuba, 1935-La Habana, 1998): célebre cantante cubana, conocida por su talento interpretativo como la reina del guaguancó. Tenía hecho santo, consagrada como hija de

Yemayá, su padre en el santo era Aggayú y su nombre ritual en la santería era Omi Toké.

Chachachá: baile de origen cubano. Se baila con la música del mismo nombre presentada por el compositor y violinista cubano Enrique Jorrin a principios de la década de 1950. Este ritmo fue desarrollado a partir del danzón-mambo. El nombre de la danza es una onomatopeya derivada del sonido arrastrante de los pies de los bailarines.

Changó o Shangó: orisha mayor, que se identifica con santa Bárbara. Es el dios del trueno y de la guerra, dueño de los tambores batá, los relámpagos y la pólvora. Vive en lo alto de la palma, donde se encuentra su trono. Es dado a las fiestas, los toques de tambor, los tragos, los pleitos y las mujeres. Es hijo del orisha Obatalá (Ibaibó) y Yemú, pero según otro pataki su padre es Aggayú y su madre es Obatalá (Oshanlá), es hermano de los orishas Orula y Oggún, su hermana mayor y madre de crianza fue la orisha Dadá, su mujer principal fue la orisha Obba, pero también mantuvo relaciones amorosas con las orishas Oshún, Oyá y Yemayá, y se le atribuye la paternidad de los orishas Ibeyis o Jimaguas, que engendró, según algunos a Ochún, otros a Oyá, y que fueron criados por Yemayá.

Chano Pozo (La Habana, 7 de enero de 1915 -Estados Unidos, 3 de diciembre de 1948): excelente maestro de la percusión cubana. Su nombre era Luciano Pozo González. Introdujo la percusión cubana en el jazz que se hacía en Estados Unidos hacia la década de los años cuarenta. Aunque no llegó a asentarse en Osha, pues fue asesinado antes de llegar a la consagración, era hijo de Changó, y se dice que debía coronarse antes de partir hacia los Estados Unidos, cosa que no hizo.

Cuatro Viento: en Brillumba, rama o variante del Palo Monte, es uno de los nombres con los que se conoce a la orisha Yemayá.

D

Dahomey: fue un antiguo Estado africano que se distinguió por su ejército de mujeres soldado (amazonas de Dahomey) y como centro de la trata de esclavos en el siglo xviii. Situado en el oeste del país yoruba, en la región costera de la actual República de Benín, Dahomey fue probablemente fundado en la primera mitad del siglo xvii y estuvo originalmente sometido al reino de Allada, de quien solo logró independizarse hacia 1715. En lo referente a la religión, existe la creencia de un alma inmortal. Por encima del universo se halla la pareja creadora Lisa-Mahu, que representaba, respectivamente, al Sol y la Luna. Por debajo de ellos, y como vectores para su acción terrena, existen dioses especializados en distintos campos, llamados vodun. Dahomey y el resto de la costa de Benín tienen la particularidad de ser los únicos lugares de África que poseen conventos en los que hombres y mujeres se consagran al culto de los diferentes dioses.

Dida: luna llena.

E

Eggúnes: término en plural del vocablo en singular Eggún. En las naciones pertenecientes al antiguo Imperio Yorùbá, tenían sociedades que centraban sus prácticas en el culto de Eggun (muerto), de fundamental importancia para las religiones procedentes de dicha cultura, pues como dicen en el sistema religioso Osha -Ifá,

"Ikú Lobbi Osha" (de la muerte nace el Orisha), que suelen traducir como "el muerto parió al santo". Los Eggun son los espíritus de los ancestros o antepasados difuntos, generalmente son Santeros desencarnados, personas practicantes o simpatizantes de la religión Yorùbá que están bajo el poder de su rey Oduduwá. Son el culto a los difuntos, el cual es practicado desde los orígenes de la humanidad. Aunque la palabra Eggún o Egungún determina por muchas etnias como hueso o esqueleto, se aplica también a muchos términos espirituales, por la fonética tan complicada de la lengua Yorùbá, pero en su mayor parte es para referirse a todo lo que concierne definir cualquier tipo de fenómeno que es normal en este campo. Sin duda alguna, son los que, por mediación de oráculos, como el del coco, determinan y dan el permiso para que las ceremonias lleguen hasta el mismo Olodumare. El misterio impresionante de la muerte ha subsistido aún hasta nuestros días, donde la ciencia no ha podido penetrar en sus misterios, ni en lo que hay después de esta. Se dice que un Eggun, sin el permiso del jefe Egungún de la ciudad, se metamorfoseó él mismo en un cocodrilo. Por medio de encantamiento, el ofendido jefe impidió al metamorfoseado Eggun retornar a su forma humana y lo obligó a echarse dentro de un estanque, y hasta que no diera debido aplacamiento a la ofensa que se le había hecho, no se le permitía salir del estanque y recobrar su forma original. Los muertos (ikús) o espíritus que nos rodean (egguns) deben de estar atendidos y conformes, por lo cual se les respeta tanto como a los santos (orishas). La reverencia a los antepasados es uno de los pilares de las religiones africanas. En la religión Yorùbá el muerto pare al santo (ikú lobi ocha) y antes de invocar y pedir permiso (moyugbar) y saludar a los orishas hay que invocar a los muertos.

Elegguá: Es uno de los siete dioses fundamentales del Panteón Yoruba. Por su gran importancia es el primero en ser llamado en todo acto religioso o festividad y el último en despedirse. Los adoradores lo consideran el inicio y el fin de todos los caminos, el nacimiento y la muerte, el bien y el mal. Dentro de las funciones más importantes que tiene esta deidad es la de ser mensajero de los dioses, si él lo quiere, nada de lo que se le ofrenda a estos les llega. Elegua es el dueño de los caminos y el destino, es el que abre o cierra el camino a la felicidad; es muy travieso y su nombre significa "el mensajero príncipe." Tambien significa El que es Grande. Es el niño jugueton y atrevido que sin su permiso no se logra nada. Es válido aclarar que Elegua es conocido como "el de los 201 y los 401" pues se mueve entre los ángeles que están a la derecha (los 401) y los que están a la izquierda (los 201). Tiene el poder sobre ambos lados, controla los reinos del mal y del bien, él crea el balance entre las dos fuerzas, a la vez que tiene dominio sobre ellas.

Emporro: nariz. Término empleado por los esclavos africanos de origen de Guinea Bissau.

Eshu Laroye: uno de los caminos del orisha Elegguá. Es amante del baile y el dinero; es burlón, malicioso y malcriado. Vive en la puerta a la entrada de las casas, todo lo sabe y advierte del peligro y las enfermedades. Se dice que es este el que más habla. Es el maestro, el instructor, el que dirige y encabeza. Es pequeño y guerrero, le gusta mucho andar con Oggún y Ochosi. Es el protector de la casa y aconseja en cuestiones de negocios. Se le encuentra en los ríos y es muy protector de Oshún. Le gustan los dulces y los juguetes, el tabaco y el aguardiente; Se le agrada con pelotitas de maíz con guayaba y miel. En un pataki se le considera Hijo de Oyá, quien lo abandonó, de ahí el nombre de Laroye; aunque algunos dicen que significa el hablador. En el camino como Hijo de Oyá se refugiaba en las puertas de las casas, hasta que vivió a la orilla del río con Oshún. Se le conoce como el guardián de los niños, más aún de los mendigos o niños de la calle, huerfanitos o desamparados. Es por naturaleza muy glotón, pero muy sabio, lo ve todo y lo sabe todo por eso avisa de los peligros. Entre sus herramientas lleva un güirito con agua, un bastón confeccionado con madera de guayaba, una cazuelita con dinero y dulces y tres machetitos con los que defiende la puerta de la casa en donde vive. A sus hijos se les recomienda siempre dar limosna y comida a los niños desamparados. Se le conoce como el Niño Limosnerito.

G

Ganguetú: hermano. Término empleado por los esclavos africanos de origen de Guinea Bissau.

Guaguancó: ritmo musical bailable que se originó en La Habana, Cuba, coincidiendo con la abolición de la esclavitud en la isla en 1886. El guaguancó es una de las formas de la rumba y contiene una fusión de varios rituales profanos afro-cubanos. Las otras dos variedades importantes de la rumba son el Yambú y la Columbia.

I

Ibaé: vocablo que se utiliza en el culto a Eggun (los muertos), donde en la frase Ibaé bayén tonú que timbelese Olodumare significa que en paz descanse.

Ìbà òrìşà ibà alàyé o: Homenaje a la cabeza seleccionada. Homenaje al dueño del mundo.

Iború, Iboya e Ibochiché: tres hermanas que salvaron a Orula. En honor a ellas, a los babalawos se le saluda pronunciando esta frase.
Ifá: la Regla de Ifá es el culto dedicado a Orula. Con este nombre también se conoce a Orula (véase Orula).
Igbos: elementos que se utilizan para determinar los osogbos e iré en las profecías de los diferentes sistemas adivinatorios de la religión yoruba. Pueden utilizarse una otá (piedra), efun (cascarilla), ayé (caracol), agbona (cabeza de una muñeca de porcelana), entre otros.
Ikinis: elementos que se utilizan en la adivinación en la Regla de Ifá.
Irawó: estrellas o luceros.
Iré: suerte, bienestar. Existen diferentes tipos de Iré en los sistemas adivinatorios de la Regla de Osha-Ifá.
Iruke: atributo religioso confeccionado con cola de caballo, perteneciente, principalmente, a los orishas Oyá y Obatalá.
Itá: Ceremonia religiosa que se hace en la Regla de Osha-Ifá, cuando un santero o babalawo se inicia en la religión o cumplimenta con sus orishas, para que estos le marquen un camino aa seguir a través de las profecías de los oddun que salen durante la adivinación, marcando un pasado, presente y futuro para las personas. Es uno de los ceremoniales más importantes de la religión, donde el orisha se comunica con la persona a través de los diversos sistemas de adivinación, que se realiza al tercer día.
Iworo: pueblo, santeros.
Iyá: madre, en lucumí.
Iyawó: persona que se inicia en la Regla de Osha o Santería. Status religioso que dura un año y 16 días, durante el cual la persona debe vestir completamente de blanco, usar sus collares y otros atributos religiosos, y cumplir con una serie de Reglas del iyaworaje. También se conoce con los términos de yabó o iyabó.

L

Lázaro Ros (11 de mayo de 1925 - 8 de febrero de 2005): fue un cantante afrocubano. Su música tomó mucho de África, ya que interpretó música de la cultura lucumí, del pueblo yoruba de la actual Nigeria y de la cultura arará del pueblo dahomeyano de la actual Benin. Ros fue en gran parte autodidacta y primero aprendió a cantar aprendiendo los cánticos asociados con la santería, una religión basada en las culturas lucumí y arará. Tenía hecho el orisha Oggún y su nombre ritual era Osha Niwe.

Lucero: deidad de la Regla de Palo Monte, que se sincretiza con el Elegguá de la Santería.

Lucumí: nombre con el que también se les conocen a los esclavos africanos de origen yoruba en Cuba. La frase alude al significado en castellano de "amigo mío". También se refiere al lenguaje empleado por los yoruba.

M

Madre Agua: deidad de la Regla de Palo Monte, que se sincretiza con la Yemayá de la Santería.

Maferefún: gracias, en lucumí.

Má Francisca: nombre de un popular espíritu femenino que se manifiesta en muchos practicantes de la Santería o del espiritismo cruzado que en Cuba se practica. Se identifica con un sinfín de nombres en la religión yoruba, donde también se le conoce como Francisca Siete Sayas, Reina Africana Francisca o la Conga Francisca. Casi todas las Ma Francisca que se conocen son amorosas, bondadosas, dulces, pero muy justicieras, con un carácter guerrero y valientes como leonas.

Mafume: subtribu del Reino Yoruba, de donde llegaron esclavos a Cuba.

Malafio: aguardiente, en Palo Monte.

Mametú: madre. Término empleado por los esclavos africanos de origen de Guinea Bissau.

Mayimbe: áura tiñosa, ave muy popular en Cuba vinculado y respetado por la Regla de Osha-Ifá y la Regla de Palo Monte. Este término es empleado por los practicantes del Palo Monte, religión cubana de origen Congo o Bantú.

Merceditas Valdés (24 de septiembre de 1922 – 13 de junio de 1996): más conocida como Merceditas Valdés, fue una cantante cubana, de música tradicional cubana y afrocubana. Tenía hecho la orisha Oshún, y su nombre ritual era Okan Tomí.

Moyugba: salutación o rezo utilizado en la Regla de Osha-Ifá, para invocar a los orishas o a los Eggun.

Mpungo: deidades o espíritus de la Regla de Palo Monte. Los más populares son Siete Rayos, Zarabanda, Lucero, Madre de Agua, Mama Chola, Coballende y Tiembla Tierra, además de otros. En esta religión se considera a Zambi o Zambia como el Dios Supremo.

Munanso bela: cuarto de fundamento en la Regla de Palo Monte, donde se realizan diversos rituales mágico-religiosos. También en este lugar se realizan importantes bailes congos, como la danza de la Makuta.

N

Nat King Cole: (Montgomery, Alabama; 17 de marzo de 1919-Santa Mónica, California; 15 de febrero de 1965), más conocido como Nat «King» Cole, fue un cantante y pianista estadounidense de jazz.
Nganga: es el centro de fuerza espiritual en el que se desarrolla todo aspecto litúrgico del Palo, prenda o caldero de fundamento que utilizan los practicantes de la Regla de Palo Monte, donde habita la deidad venerada, según el culto. Es un pacto entre la vida y la muerte.
Ngangulero: practicante de la Regla de Palo Monte, considerado como mayordomo o propietario de una Nganga.
Niña Chola: se refiere a Mama Chola, divinidad de la Regla de Palo Monte, que se sincretiza con Oshún en la Santería.
Niño Atocha: el pequeño Jesús. Se sincretiza con Elegguá en la Santería.

O

Obba: es un Orisha mayor y representa el amor reprimido y el sacrificio por el ser que uno ama, el sufrimiento y simboliza la fidelidad conyugal. Está relacionada a los lagos y las lagunas. Junto con Oyá y Yewá habita en los cementerios y representan a guerreras temerarias. Ella, a diferencia de Yewá que vive dentro del féretro, custodia las tumbas. Hija de Obbatalá y Yembó, hermana de Oyá y Yewá, amante de Shangó por él se quitó una oreja y fue por esto desterrada, luego se fue para el monte y posteriormente vivió en soledad en el cementerio. También tuvo amoríos con Oggún, a quien le entregó el yunque y este le enseño a guerrear. Obba es la Orisha del río que lleva su nombre, originaria de la tierra Takua, aunque su culto se extendió por la tierra de Oyó y Tapa. Su nombre proviene del

Yorùbá Òbbá (Òbè: sopa - Obá: rey), literalmente "La de la sopa del rey".

Obbatalá: uno de los siete Orishas principales del Panteón yoruba; que junto a Yemayá, Elegguá, Shangó, Orunla, Oshún y Oggún conforma a las Siete Potencias Africanas. A él se atribuye el nacimiento de la mayoría de los dioses africanos y origen de todo lo que habita en la Tierra. En la religión yoruba es un dios notable y respetado. En la jerarquía de los Orishas ostenta la mayor autoridad. Él personifica la creación del hombre ordenada por Olodumare. Es el dueño de la inteligencia y de los sentimientos humanos. Obatalá es el padre de todos los hijos en la tierra, es el creador de los seres humanos y todo lo que habita en el planeta. Como creador es regidor de todas las partes del cuerpo humano, principalmente de la cabeza, de los pensamientos y de la vida humana, dueño de la blancura o donde participa esencialmente lo blanco como símbolo de paz y pureza. Obbatalá es el dueño de los metales blancos, sobre todo la plata. Representa la creación que no es necesariamente inmaculada; lo magnánimo y superior, también la soberbia, la ira, el despotismo y las personas con defectos o dificultades físicas y mentales. Obbatalá es un Osha y está en el grupo de los Oshas de cabecera. Obbatalá abraza a todos sus hijos con paciencia y amor. Entre sus muchas cualidades él es el que trae inteligencia, paz y calma al mundo.

Obbara Meyi: oddu o signo de Ifá y del Diloggun, donde Obara está representado por seis caracoles vueltos hacia abajo. Aconseja el modo de conjurar la ruina que le predice al consultante, los engaños de que sera víctima y le anuncia que ha de recibir a Orunla. Es odu de los llamados menores.

Oché Oggundá: signo de Ifá.

Ocokán: corazón, en yoruba.

Oddí Ká: oddun o signo de Ifa.

Oddúa: es un Orisha mayor y rige en los secretos de los Eggun e Ikú. Su representación material alude a la formación del mundo, del cual forman parte el reino animal, el vegetal y el mineral. Vive en las tinieblas profundas de la noche. Tiene un solo ojo fosforescente. Es una masa espiritual de enorme poder que no tiene forma ni figura. Se vale de los espíritus para manifestarse. En relación al ser humano fue el primer Obá que hizo Itá en la tierra. Está especialmente relacionado a Orunmila, Obatalá Obalofun y a Oshún. Fue el primer Oní (rey) y fundador de Ifé, de donde nació la vida según la teología Yoruba, su nombre proviene del Yoruba Oduduwá (Señor del otro mundo o de nuestro destino). Oduduwá representa los misterios y secretos de la muerte, creó el mundo junto con Obbatalá, con quien siempre anda al igual que con Orula.

Oddún: Año. Nombre de hijo de Obatalá. Signos en el Tratado Enciclopédico de Ifá, donde existen 16 Oddun que cuando se combinan dan un total de 256 caminos de Ifá.

Ogbe Roso: signo de Ifá.

Oggún: deidad de origen africano, específicamente de la religión yoruba. Simboliza los comienzos, el principio, la mañana, la primavera, los animales carnívoros, los jefes, el mando, la fuerza, la violencia, el impulso, la autoridad, la virilidad, la juventud, los accidentes en la cabeza, el peligro por hierro, el fuego y las armas. Oggún es el Orisha que representa la fortaleza, el trabajo y la fuerza áspera e inicial. Es la fuerza que encierra la caja del cuerpo humano, el tórax, donde están todos los órganos vitales. En la naturaleza está simbolizado por el hierro, todos los metales y la virilidad descomunal en el ser humano. Es dueño de las herramientas y de las cadenas.

Oggun es el Orisha de los herreros, de las guerras, de la tecnología, de los cirujanos, del ejército, y posee además un carácter irascible y violento hacia sus enemigos. Su símbolo principal es el machete (Embelebobo), con el cual lucha contra sus rivales o para poder abrirse camino a través de la vegetación de la selva.

Oggunda Osá: signo del Diloggun o Ifá, cuyo refrán más popular es que en la unión está la fuerza.

Okan Tomí: nombre ritual de la célebre cantante cubana Merceditas Valdés. (véase Merceditas Valdés)

Oké: uno de los orishas menores de la religión yoruba. Oke es el Orisha de la loma, de las montañas y de las alturas o elevaciones de la tierra. Deidad tutelar de la montaña y todo lo que se eleva. Representa la perfección del estado primordial del hombre que nace de Olodumare y retorna a él. Es simbolismo de los misterios de Olofin y la firmeza de la madre tierra. Con su otá, se machacan las hierbas del machuquillo o Ashé del Orisha y cualquier tipo de polvos. Su culto proviene de Abeokuta e Ibadán, donde se le adoraba en el piso cubierto con una jícara pintada de blanco, con un orificio en su parte superior por donde se le inmolaban los animales, esta jícara solo se destapa para utilizar a Oke. Como guardián de Ibadán en la guerra con Ifé se refugió en la montaña de Oshuntá. Su nombre proviene del Yorùbá Òké (altura, elevación, grandeza). Forma una importante trilogía con Oggué y Orisha Oko, con quienes rigen todos los movimientos de la tierra.

Oko: testículos, en yoruba.

Ókpele: elementos que se utilizan en la adivinación en la Regla de Ifá.

Oloddumare: es en la Religión Yoruba el Dios único, supremo, omnipotente y creador de todo lo que existe. Su nombre proviene del

Yorùbá Olòdúmàré, lo cual significa (Señor al que va nuestro eterno destino). Olodumare es la manifestación material y espiritual de todo lo existente. No está en contacto directo con los hombres, sino a través de su otra forma, Olorun (directamente) u Olofi (indirectamente). No se asienta, no se le ofrenda, ni posee collares. Nunca puede representarse pictóricamente y no tiene atributos humanos.

Olofi: es la tercera manifestación de Olodumare, del Yoruba Òlófín (dueño del palacio). Su palacio es el cielo y su corte real, los Orishas. Olofi es el que está en contacto indirecto con los hombres a través de los Orishas, es él quien los dirige y supervisa sus labores. Nada se puede conseguir sin su mediación. Vive retirado y pocas veces baja al mundo como energía. Olofi es el que repartió el ashé a cada Orisha (su relación con las energías de la naturaleza) y tiene los secretos de la creación. Olofi le permitió bajar a la tierra a Orunla (Orunmila) como profeta. Puede utilizar a todos los Orishas, pero para prevenir la muerte usa a Osun.

Omi: agua, en lucumí.

Ominirá: libertad, en yoruba.

Omo: hijo, en yoruba.

Oní: como Oní son identificados los hijos e hijas de los orishas Yemayá y Shangó.

Oranmiyán: uno de los Orishas menores de la religión yoruba. Oranmiyán es un Orisha hijo de Oduduwa, dueño y señor de la tierra firme. Según la leyenda africana medio hijo de Oduduwá y medio de Oggún, su culto proviene de Ifé. Solo unos pocos conocen en profundidad su culto. Representa el firmamento.

Ori: cabeza. Pero también es el dios de la buena suerte, el dios personal del individuo el cual, como ser espiritual, eligió frente a

Olodumare, antes de encarnar el cuerpo material. Es un Orisha que posee cada individuo desde el momento de su nacimiento. Ori es una entidad de mucha importancia. El Ori de una persona debe ser atendido regularmente mediante inmolaciones y lo que Ori decide, ningún otro Orisha lo puede modificar ni alterar. Hay quienes tienen un Ori tan fuerte que por más brujería que se le haga esto no lo entra, ya que teniendo un Ori fuerte o teniéndolo bien atendido, es la única forma de combatir a los Eniyan o brujos del astral, cuya interferencia solo se combate con Ori haciendo vano el esfuerzo de otros Orisha. Se dice que no se puede hacer nada por el poseedor de una mala cabeza, solo podrán realizar su destino mediante su fuerza de voluntad y su conducta Iwá.

Oriré: suerte, en yoruba.

Orishas: dioses de la religión yoruba que representan los diferentes elementos de la naturaleza. Los orishas, por lo general, fueron héroes, reyes y reinas deificados por sus acciones. Existen orishas mayores y menores en la religión, considerándose un total, aproximadamente, de 401 orishas.

Oro: luna nueva, pero también tiene otros significados, como palabra.

Orula: Orisha de la adivinación, quien tiene el conocimiento de las cosas secretas del ser humano y la naturaleza, así como el conocimiento acumulado sobre la historia de la humanidad. En el plano humano representa las espiritualidades de todos los Awó ni Orula difuntos. Es el Orisha rector e intérprete de los Odun del oráculo de Ifá. No se asienta en la cabeza y sólo se comunica a través de su oráculo. Goza del privilegio de conocer el principio y origen de todas las cosas, incluidos los Oshas y Orishas. Permite que el hombre conozca su futuro e influya sobre él. Está muy relacionado con Eshu y Osun. Orula está presente en el momento en que el espíritu que va a encarnar a un individuo está eligiendo su destino. Representa la seguridad, el apoyo y el consuelo ante la incertidumbre de la vida. Con su ayuda todo es posible. Sus sacerdotes pudieran ser los mejores organizados, los más místicos y más sabios. Eshu es su ayudante. El sacerdocio del Orisha Orula existe en el mismo concepto en que puede existir el sacerdocio a otros Oshas y Orishas con la diferencia de que es exclusivo para hombres y dentro de éstos para personas que no caen en trance. Las mujeres pueden llegar hasta la consagración de Iko fa fún ni Orula y tienen el privilegio de ser escuchadas con más acierto que a los hombres; las mujeres que son Apetebí Ayafá son las verdaderas dueñas del fundamento de Ifá del sacerdote al cual asisten. Sus sacerdotes no pueden montarse, ni tirar caracoles.

Osainlé: lechuza, en yoruba.

Osa Meyi: signo de Ifá.

Osha: deidades de la religión yoruba que se consagran. Dentro de las osha más populares e importantes están Elegguá, Oggún, Oshosi, Obatalá, Shangó, Aggayú, Babalú Ayé, Oyá, Yemaya y Oshún, entre otros. (véase Orisha)

Osha Niwe: nombre ritual del célebre cantante cubano Lázaro Ros. (véase Lázaro Ros)

Oshukuá: la luna.

Oshún: Reina las aguas dulces del mundo, los arroyos, manantiales y ríos, personificando el amor y la fertilidad. Ella es también a quien nosotros acudimos en busca de ayuda en asuntos monetarios. En la santería sincretiza con la Virgen de la Caridad del Cobre, patrona de Cuba. Es la orisha más pequeña, es la más consentida de todos. Shangó su gran amor fue lo único que no pudo tener. Oshún es un Osha y está en el grupo de los Oshas de cabecera. Representa la intensidad de los sentimientos y la espiritualidad, la sensualidad humana y lo relativo a ella, la delicadeza, la finura, el amor y la feminidad. Es protectora de las gestantes y las parturientas; se representa como una mujer bella, llena de dulzura, alegría y risas, pero interiormente es severa, sufrida y triste. Lleva el largo pelo negro adornado con flores y pulseras de oro como adorno. Ella representa el rigor religioso y simboliza el castigo implacable. Es la única que llega a donde está Olofin para implorar por los seres de la tierra, siendo querida por los elementos y todo ser viviente. En la naturaleza está simbolizada por los ríos. Es la apetebí de Orunmila. Está relacionada con las joyas, los adornos corporales y el dinero. Es la diosa del río que lleva su nombre en Nigeria. Se dice que vivió en una cueva que aún existe en Ijesa, Nigeria, al norte hacia el río Nilo. Fue la segunda esposa de Shangó. En Nigeria es adorada en muchas partes de Yorubaland, aunque es en la ciudad de Osogbo, por donde pasa su río donde tiene la mayor cantidad de creyentes. El nombre Osogbo proviene de la unión de Oshún y Ogbo. Ella salvó a esta ciudad por eso su rey la llamó de esa manera. En África su mensajero es el cocodrilo. Sus seguidores llevan ofrendas al río y le piden sus favores. Oshún es la Orisha del agua dulce. Su nombre proviene del Yorùbá Osún. Salvó al mundo volando como un aura tiñosa (Ibú Kolé), especie de buitre. También habló con Olofin, cuando Olokun mando el diluvio. Fue Yemayá quien le dio la fortuna de que su casa fueran las aguas dulces. Pidió la intervención de las mujeres en el consejo de los Orishas.

Oshún Funké: uno de los caminos de Oshún. Es una Oshun muy sabia e inteligente. Tiene grandes conocimientos y no duda en enseñar. De Oshun Funke se aprenden los misterios de lo erótico.

También es un nombre ritual que se le pone a las personas que se consagran en el culto a Oshún, que significa "el bastón de Oshún".

Oshún Ikolé: uno de los caminos de Oshún. Es inseparable de la tiñosa (buitre), con la cual trabaja. Su nombre significa "aquella la que recoge y recupera la basura y los polvos". Vigila la casa. En algunos textos se refieren a esta Oshun como la diosa sonriente y de exuberantes características que decaen ante su indumentaria pobre y baja. Dicen que se revuelve en las corrientes y en el fango, casi en la miseria. Esta tiene solo un vestido el cual de lavarlo tanto se tornó de blanco a amarillo. Ella es la mayor de las Aje (brujas) y sabe cómo hacer y lanzar conjuros. La tiñosa es su símbolo y además su mensajera, la cual transmite sus caprichos. Se dice que la Oshun de este camino solo hace cosas malas y come lo que la tiñosa le trae. En Cuba es la Oshun que se honra sobre todas las otras.

Oshún Ololoddi: uno de los caminos de Oshún. Ololoddi significa "revolucionaria". Le gusta luchar con hierros y machetes. Vive encima del tablero de Ifa con arena de mar o arena de río cernida. Su símbolo es la lechuza. Su sopera debe ser de color verde y rosa. Oshun Ololodí es la guerrera, por lo que no se le puede tomar a la ligera, defiende a sus hijos y a aquellos que le caen en gracia. Nunca puede ser destruida por sus enemigos. En el catolicismo es sincretizada con la Virgen de Guadalupe.

Osogbo: vocablo que se emplea en las adivinaciones en la Regla de Osha-Ifá para identificar a todas las negatividades, adversidades y dificultades que atraviesa la humanidad. Existen diferentes clasificaciones de osogbos.

Osure: luna creciente.

Otipiá: fumar. Término empleado por los esclavos africanos de origen de Guinea Bissau.

Otura Trupon: signo de Ifá.

Owó: dinero, en yoruba.

Oyá: señora de la centella, del remolino, del arcoiris y de los muertos. Sus vientos ayudan a sostener la vida después que las aguas de Oshún y Yemayá han dado vida y significación o propósito. Los vientos de Oyá portan el polen de diferentes plantas de uno a otro lugar. Oyá es también el aire que respiramos, ella provee el aire con la correcta cantidad de oxígeno para mantenernos vivos y en funcionamiento. Oyá es un Osha y está muy relacionada con Ikú, la divinidad de la muerte. Propicia los temporales, los vientos fuertes o huracanados y las centellas. Simboliza el carácter violento e impetuoso. Vive en la puerta de los cementerios. Representa la intensidad de los sentimientos lúgubres, el mundo de los muertos. Además, se le considera la guerrera entre los orishás además de Elegua, Ogún y Oshosi. En la naturaleza está simbolizado por la centella. Junto con Elegguá, Orula y Obbatalá domina los cuatro vientos. Se le llama con el sonido de la vaina de framboyán. Representa la reencarnación de los antepasados, la falta de memoria y el sentimiento de pesar en la mujer. La bandera, las sayas y los paños de Oya llevan una combinación de todos los colores excepto el negro. Es además la Orisha del Río Níger.

Oyó: subtribu del Reino Yoruba, de donde llegaron esclavos a Cuba. Se dice que Changó fue el cuarto Alafin (Rey) de Oyó.

P

Pataki: cuento, historia, leyenda o fábula en lucumí.

Pinaldo: cuchillo.

R

Rita Montaner: (Guanabacoa, 20 de agosto de 1900-La Habana, 17 de abril de 1958), más conocida como Rita Montaner o La Única, fue una artista cubana, que incursionó en el teatro, la radio, el cine y la televisión, alcanzando notable éxito nacional e internacional y siendo considerada una de las más grandes artistas de su país. Tenía hecho Obatalá y su nombre ritual era Oba Lufandeí.

Rumba: género de música tradicional que se originó en Cuba durante el siglo XIX. De raíces africanas, la rumba cubana es considerada la madre de numerosos ritmos y bailes latinos, como la salsa, y tiene derivaciones en diversos países de América Latina.

S

Santa Bárbara: fue una mártir cristiana, reconocida como santa por la Iglesia católica. Santa Bárbara es la patrona de los mineros y los artilleros. Celebra su festividad el 4 de diciembre, y en el panteón yoruba se sincretiza con el orisha Shangó.

Siete Rayos: una de las divinidades más populares de la Regla de Palo Monte, que se sincretiza con Changó en la Regla de Osha-Ifá o Santería.

Sunsundamba: lechuza, en Palo Monte.

T

Tá José: uno de los espíritus más populares de la Santería y el espiritismo cruzado en Cuba.

Taita: vocablo criollo utilizado por los esclavos de origen africano y sus descendientes en Cuba para referirse a las personas mayores, ancianos de grandes conocimientos religiosos, padres.
Takuá: subtribu del Reino Yoruba, de donde llegaron esclavos a Cuba.
Tondele cuama: calma, tranquilo, en Palo Monte.

V

Virgen de la Caridad del Cobre: es una de las advocaciones de la Virgen María. Es la Patrona de Cuba, este solemne nombramiento fue proclamado por el Papa Benedicto XV en el año 1916. Celebra su festividad el 8 de septiembre, y en el panteón yoruba se sincretiza con la orisha Oshún.
Virgen de Regla: es una advocación mariana de la Iglesia católica venerada en diversos países, principalmente en Cuba, República Dominicana y España. Celebra su festividad el 7 de septiembre, y en el panteón yoruba se sincretiza con la orisha Yemayá.

W

Wemilere: tambor o fiesta religiosa, popularmente dedicada a Changó sobre todo.

Y

Yalodde ko so: la reina no se ahorcó, expresión literal derivada de la clásica frase Oba ko so que significa el "Rey no se ahorcó", y hace alusión a un patakí de Changó.

Yemayá: es una orisha femenina, es la deidad de las aguas saladas. Es la orisha de la maternidad. Ella es la guardadora de todas las riquezas. Los desperdicios son su tesoro. Lo que se pierde puede ser reobtenido con la ayuda de Yemayá. Cuando se busca a Yemayá en la naturaleza se debe buscar en el mar, en las crestas de las olas contra las costas y rocas. Es en esta forma que Yemayá toma los ofrecimientos y sacrificios. En esta misma forma ella construye y/o destruye, ofreciendo bendiciones o quitándolas. Es tan vieja como Obbatalá, y tan poderosa, que se dice que es la más poderosa, pero por su carácter arrebatado perdió la hegemonía del mundo, y se le dio el dominio de la superficie de los mares, que, al moverse de derecha a izquierda, representa el movimiento de las olas, y el carácter de su personalidad. Fue la primera en nacer cuando Olofi decidió crear el mundo, luego de sofocar con agua el fuego que imperaba. Yemayá es la madre de todos los hijos en la tierra y representa al útero en cualquier especie como fuente de la vida, la fertilidad y la maternidad. Es un Osha y está en el grupo de los Oshas de cabecera. En la naturaleza está simbolizada por las olas del mar, por lo que su baile se asemeja el movimiento de las mismas. Es la Orisha del río Oggún que corre por Òyó y Abeokutá, en el territorio Nupe, luego se trasladó a territorio Tapa, en Abeokutá, Ibadán y Shaki. Representa la intelectualidad, la sapiencia y los caracteres cambiantes como el mar.
Yesá: subtribu del Reino Yoruba, también conocida como Iyesá, de donde llegaron esclavos a Cuba.

Z

Zambia: el Dios Supremo en la Regla de Palo Monte.

Zarabanda: una de las divinidades más populares de la Regla de Palo Monte, que se sincretiza con Oggún en la Regla de Osha-Ifá o Santería.

Índice

DATOS SOBRE EL AUTOR

GEOBANYS VALLE ROJAS (Sancti Spíritus, Cuba; 1991), Licenciado en Pedagogía-Psicología, Profesor Asistente por la Universidad de Sancti Spíritus "José Martí" y miembro de la Sociedad Cubana de Psicología. Ha incursionado en la poesía, el ensayo, en la narrativa y también en investigaciones. Como parte de su producción científica-investigativa, tiene varios artículos y ponencias publicados, como *La formación de la competencia científica en docentes en proyectos de investigación* (Revista Conrado, 2022, Cuba), *La formación de competencia científica para el perfeccionamiento del desempeño profesional de los docentes universitarios* (Revista Pedagogía y Sociedad, 2020, Cuba), *El pensamiento de José Martí y el ideario del Dr. Antolín García Álvarez en la formación de estudiantes de la carrera Pedagogía-Psicología* (Revista Atlante. Cuadernos de Educación y Desarrollo, 2020, España), *La orientación educativa en el contexto de los medios de comunicación masiva* (Revista Márgenes, 2017, Cuba), *Ernesto Che Guevara: paradigma para la formación de las nuevas generaciones* (Editorial Feijóo, 2016, Cuba), *El proceso revolucionario cubano en Guasimal* (Editorial Feijóo, 2016, Cuba), *Guasimal en las luchas independentistas* (Editorial Feijóo, 2014, Cuba). También tiene publicado varios libros digitales, como *Adentro del alma... sí hace ruido* (Poemario, 2023, Moldovia; 2019, Argentina), *Oshún y Yemayá. Como dos Gotas de Agua* (Ensayo, 2023, EE.UU.), *Entre Sábanas* (Novela, 2019, EE.UU.), y *Ese O, Baba* (Relatos, 2023, 2015, EE.UU.). También tiene artículos científicos publicados en los libros *Camino a la escuela. Selección de lectura para la preparación del docente de la universidad* (Editorial Universitaria, 2021, Cuba), y en *Conciencia e innovación para el desarrollo sostenible* Vol. 1 (Editorial Edacun, 2021, Cuba)

Printed by Books on Demand GmbH, Norderstedt / Germany